El río
de la vida

EDICIÓN PATHFINDER

Por Karen Ross y Elizabeth Sengel

CONTENIDO

El río
de la vida

POR KAREN ROSS

Los animales que viven cerca del río Okavango, en África, desean beber sus aguas dadoras de vida; sin embargo, beber en las aguas del delta no siempre es fácil o seguro.

Lugar de encuentro.
*Criaturas grandes y
pequeñas llegan juntas a
beber en el río Okavango.*

¿**C**uál es la cosa más valiosa del mundo? La respuesta a esta pregunta depende de dónde vivas. Aquí en el desierto de Kalahari, el agua es más valiosa que cualquier otra cosa. El desierto está en Botsuana, un país de África. En esta región, no llueve mucho, por lo que los pueblos dependen del río Okavango para obtener agua.

Este río, que comienza siendo agua de lluvia a gran distancia de aquí, recorre casi 1600 km (1000 millas) hasta terminar en el desierto. En la desembocadura del río, este se abre, formando un ancho **delta**. El delta proporciona alimentos y agua a los pueblos y los animales que viven en los alrededores.

El delta es un lugar magnífico para descubrir los animales que habitan la región. Después de todo, han llegado hasta aquí para encontrar alimentos y sombra para protegerse del sol ardiente.

En el río

Una de las mejores maneras de conocer a los pueblos y los animales que viven aquí es navegar río abajo por el Okavango. Es por eso que estoy sentado sobre un montón de pasto tierno en una pequeña canoa llamada mokoro. Mis guías y yo vamos a explorar el delta.

Batsilewa y algunos de sus amigos, quienes nacieron y crecieron aquí, son mis guías. Pertenecen a un grupo llamado pueblo bayei. Batsilewa usa un remo de madera para impulsar nuestra embarcación río abajo. Nos deslizamos a través de hermosos lirios acuáticos.

Pronto detecto a varios pequeños animales que viven en el agua y sus proximidades. Los pequeños pájaros brillan como joyas contra el agua del río, y las diminutas ranas de los juncos se esconden entre las flores de los lirios acuáticos. Entonces, escucho un inquietante chillido sobre mi cabeza. Miro y descubro de dónde proviene el sonido: es un inmenso pigargo vocinclero africano.

Observo mientras el pigargo se desliza por el cielo. Repentinamente, se precipita hacia el agua, estira sus afiladas garras y con ellas arranca a un pez del agua. Luego el pigargo echa a volar nuevamente, batiendo las alas rumbo al cielo.

Islas de termitas

A continuación, pasamos por diminutas islas donde crecen abundantemente muchas clases de árboles frutales. Desde el mokoro distingo bayas e higos, y nos detenemos en una isla para descansar. Me siento a la sombra de una palmera y saboreo sus frutos dulces de color marrón.

Sentado en una de las pequeñas islas del delta pienso en cómo fue formada. Unos insectos llamados termitas construyeron cada una de estas islas durante la estación seca, mientras la región permanecía seca. Luego el río volvió a inundar la región. Verás, las termitas construyen grandes **montículos**, y los montículos más altos se asoman sobre el agua. Las semillas de los árboles cayeron sobre los montículos, brotaron y, con el tiempo, crecieron los árboles que cubren las islas.

Mundo de agua *La vida de los pueblos nativos se concentra en el río, que les proporciona casi todo lo que necesitan.*

Más allá del delta del Okavango

Cientos de islas cubren el delta del Okavango. Los mapas muestran el delta durante la estación húmeda y la estación seca. ¿Cómo cambia la región?

INVIERNO

Río Okavango

ÁFRICA

Área ampliada

BOTSUANA

VERANO

Río Okavango

Ríos
Cenagales
Desierto

DESIERTO DE KALAHARI

DESIERTO DE KALAHARI

La lluvia y las inundaciones esparcen agua, lo que hace que se expandan los cenagales.

Con el calor, el agua se evapora, lo que causa que los cenagales se reduzcan.

Encuentro con los bayei

Termino de comer mi bocadillo de frutas y vuelvo a subir a la canoa. Mientras nos dirigimos al Sur a través de las islas, disfruto escuchando a los guías bayei, que tienen una forma de hablar muy musical. Le pregunto a Batsilewa cómo es la vida en la aldea.

Me cuenta que el delta proporciona todo lo que el pueblo necesita. Por ejemplo, pensemos en los canastos que todos usan. Los canastos se usan para servir, almacenar y transportar casi todo. Las mujeres tejen hermosos canastos con las hojas de bambú que crecen en los alrededores. Algunos de los diseños de estos canastos se llaman "lágrimas de jirafa" y "rodillas de tortuga".

Los bayei consumen mucho pescado, ¡y casi todos ayudan con la pesca! Los hombres usan redes para atrapar peces, pero las mujeres emplean otro método. Colocan canastos, que parecen largos embudos, debajo del agua. Luego los niños mayores persiguen a los peces hasta hacerlos entrar en los canastos. Los bebés observan toda la acción desde canastos atados a las espaldas de sus madres.

Depredador y presa

Mientras escucho a los guías, pasamos por la última de las islas de termitas, y comenzamos a observar las manadas de grandes animales.

Descubro cebras que pastan en la hierba. Los búfalos se refrescan en el río, y el antílope rojo baila sobre las aguas poco profundas. Sorprendemos a otra clase de antílope, el sitatunga, que salta desde la guarida llena de juncos donde se oculta. Los impalas están por doquier.

Todo parece tranquilo, pero no lo está. Toda clase de felinos —grandes y pequeños— también llegan hasta aquí, y estos animales son voraces.

Los leones, los leopardos y las chitas actúan como si fuesen los dueños del río. Pequeños felinos silvestres, los servales y los caracales, se asoman tranquilamente por los alrededores. También necesitan comer, pero son más pequeños, y no quieren que los devoren.

Luego descubro a una jauría de perros salvajes africanos, que son una especie en **peligro de extinción**. La mayoría vive aquí en el delta. Una jauría de perros trabaja en equipo para cazar a su presa. Al cazar en equipo, los perros más pequeños pueden atacar a animales mucho más grandes. Tienen que comer rápidamente, porque los leones y otros depredadores grandes siempre están al acecho para conseguir una comida gratuita.

El rugido del león

Repentinamente, escucho rugir a un león. El rugido de un león se puede escuchar desde ocho kilómetros (cinco millas) de distancia, pero este se encuentra más cerca, mucho más cerca... Cuando me vuelvo hacia el sonido, veo un extraño paisaje. Una manada de leones está en el agua; los adultos vadean mientras los simpáticos cachorritos flotan y nadan.

Quizá creas que la mayoría de los felinos odian mojarse, y estás en lo correcto. Estos leones deben estar muy hambrientos. Incluso estos felinos grandes y resistentes tienen que trabajar para conseguir algo que comer. Los animales están cruzando el río para encontrar una presa, pero los leones mojados no parecen felices.

Los leones cazan muchos de los animales que viven en la ribera. A veces, encuentran una comida gratuita, pero suelen intentar robar los animales que otros depredadores han cazado y matado.

De pesca. *Estas mujeres usarán canastos en forma de embudo para atrapar peces.*

¿Qué hay para cenar? *El león espera atrapar a un búfalo para la cena. Los leones son feroces depredadores en el delta.*

El rey del río

A veces, se dice que los leones son los "reyes de la selva". Esto no es del todo cierto en el delta, donde quienes mandan son los elefantes.

Los elefantes no solo son los animales terrestres más grandes, sino también los segundos animales más altos. Solo las jirafas los superan en altura. Un elefante macho adulto alcanza alrededor de 3,4 m (11 pies) a la altura del hombro, y puede pesar 5400 kg (12.000 lb).

Los elefantes son famosos por sus grandes orejas y trompas. Cada oreja puede crecer más de un metro (3 pies) de ancho, y sus trompas pueden transportar hasta 270 kg (600 lb).

Los elefantes no comen carne; en cambio, mastican pasto, plantas acuáticas y árboles frutales. Para obtener alimentos, pueden usar sus cabezas como los carneros para golpear. Un elefante derriba un árbol, lo que le permite alcanzar fácilmente las hojas tiernas de lo alto de la copa.

Los depredadores no pueden lastimar a estos inmensos adultos; sin embargo, pueden atacar a los jóvenes. Por eso, los adultos deben vigilar a sus crías. Los leones hambrientos no temen a un elefante bebé.

Afortunadamente, no hace falta mucho para espantar a un león. Un elefante protector puede espantar a los leones con un simple pisotón fuerte.

Buscando agua

Veo elefantes de todos los tamaños en la orilla. Los adultos beben y descansan, mientras los más jóvenes juegan. Muchos nadan. ¡Están en todas partes! Botsuana cuenta con la población de elefantes más grande de la Tierra, formada por más de 100.000 paquidermos, o elefantes, que viven aquí.

Observar a los elefantes es entretenido, pero también son importantes para el **ecosistema** del delta. Durante los meses secos, el desierto se traga el delta, y gran parte del agua del río se evapora, lo que dificulta a los pueblos y a los animales encontrar agua.

Es entonces cuando entran en juego los elefantes. Depende de ellos encontrar y excavar hasta encontrar agua de los arroyos subterráneos. Después de que los elefantes beben lo que necesitan, los otros animales sedientos beben el agua sobrante. Este sistema funciona bien.

Los peligros del delta

La vida en el delta del Okavango siempre es dura. A veces hay demasiada agua pero en otras ocasiones no hay suficiente. El simple hecho de obtener agua puede ser difícil. Los animales hambrientos siempre están buscando cómo cazar a los animales más pequeños o débiles que ellos. Por eso, puede ser difícil para estos últimos buscar agua.

Aun así, los animales más pequeños se las arreglan para llegar hasta el agua, porque deben hacerlo. La necesitan para **sobrevivir**. Al observarlos, me doy cuenta de la importancia del agua y de los cenagales, las regiones donde se encuentran el agua y la tierra. El cenagal es el hogar de los animales y los pueblos del Okavango. Sin él, la vida sería imposible aquí.

VOCABULARIO

delta: región en forma de abanico que está en la desembocadura de un río.

ecosistema: forma en la que los seres vivos y las características de un lugar se afectan entre sí.

en peligro de extinción: en peligro de desaparecer del mundo.

montículo: una gran pila redondeada de tierra.

sobrevivir: permanecer vivo.

Gran jefe. *Olvídate de los leones. Los elefantes son quienes verdaderamente gobiernan el delta.*

Diversión en el agua. *Un hipopótamo pasa el día jugando en el río.*

Un día en el delta

Por Elizabeth Sengel

Elefantes

Un grupo de elefantes adultos y sus crías llegan a la orilla del río para beber agua.

Hipopótamo y pigargo vocinglero

Un pigargo vocinglero aprovecha el amplio lomo de un hipopótamo para posarse. Los hipopótamos pasan sus días descansado en el agua. Aplastan la vegetación cuando caminan hacia la tierra, creando así nuevos canales por los que el agua puede fluir.

¡El pigargo vocinglero se lanza hacia el río para apresar su comida!

Cocodrilo

El cocodrilo demuestra una conducta agresiva al emerger del agua. Los pueblos del delta temen a estos grandes reptiles.

Leones

Una joven leona mira a la cámara. Sigue a otros leones mientras cruzan el río.

Chita

Al final del día, la chita se detiene en la cima de un montículo de termitas. El montículo es un buen punto de observación desde donde vigilar el territorio.

Los días en el delta

Sigue el río para responder estas preguntas sobre el delta del Okavango.

1 ¿Cuántas islas se forman en el delta? ¿Cómo llegan los árboles a las islas?

2 ¿Qué cosas proporciona el río al pueblo bayei?

3 ¿Por qué los elefantes gobiernan el delta del Okavango?

4 ¿Cómo aprovechan el río Okavango las distintas clases de animales?

5 ¿Por qué el Okavango es un río de vida?